당신의 목표는 무엇인가?

THE GOAL: COMIC BAN
by Eliyahu M. Goldratt and Jeff Cox(Original Work),
Yuji Kishira(Editor), Takeo Aoki(Script), Yama Aota(Manga)
Copyright ⓒ 2014 Diamond, Inc.
Korean translation copyright ⓒ 2015 by DONGYANG BOOKS Co.
All rights reserved.
Original Japanese language edition published by Diamond, Inc.
Korean translation rights arranged with Diamond, Inc.
through BC Agency.

* * *

이 책의 한국어판 저작권은 BC 에이전시를 통해 저작권사와 독점 계약한 동양북스에 있습니다.
저작권법에 의해 한국 내에서 보호받는 저작물이므로 무단 전재와 무단 복제를 금합니다.

일러두기

이 책은 『더 골』의 저작권사인 Goldratt 1의 허락을 받아, 원서에 등장하는 배경을 일본 기업으로 바꾸어서 만화로 각색한 것입니다. 그러므로 이 책에 등장하는 단체명이나 인물명 등은 가상임을 밝힙니다.

당신이 지금 하고 있는 일의 대부분은
다른 사람들과 연결되어 있으며,
세상일은 언제나 예측 불가능한 변수로 가득하다.

배운다는 것의 최대 장애물은 답을 가르쳐주는 것이 아닐까?
그것은 스스로 답을 찾아낼 기회를 영원히 박탈해버리기 때문이다.
스스로 생각해서 답을 찾아내야 진정한 배움을 얻을 수 있다고,
나는 믿는다.
'생각하는 인간'을 만들려면
명령형인 '!' 부호보다
의문형인 '?' 부호가 훨씬 더 좋다.

— 엘리 골드렛

■ 차례

| 1막 | **공장 폐쇄 명령** | **013** |

"도대체 왜 적자에서 벗어나지 못할까?"

| 2막 | **소크라테스와 나눈 짧은 대화** | **039** |

"자네 회사의 목표가 뭔가?"

| 3막 | **새로운 운영 지표** | **059** |

"직원들이 쉬지 않고 일하는 회사는
과연 효율적일까?"

| 4막 | **하이킹의 미스터리** | **085** |

"같은 속도로 걷는데 왜 대열은 점점 느려질까?"

| 5막 | **'균형 잡힌 공장'이라는 판타지** | **105** |

"왜 수요와 공급이 최적화된 회사일수록
파산에 가까워질까?"

| 6막 | **보틀넥과 비(非)보틀넥** | 125 |

"무엇이 진짜 회사의 능력을 결정하는가?"

| 7막 | **아이들이 건넨 힌트** | 155 |

"왜 원자재를 일찍 투입해도 재고만 쌓이는 걸까?"

| 8막 | **성공의 첫걸음** | 191 |

"지속적인 이익을 내려면 어떻게 해야 하는 걸까?"

작품 해설	지금 당신의 일은 다른 사람들과 연결돼 있나요?	227
옮긴이의 말	과연 이 일은 목표 달성에 도움이 되는가?	231
주요 용어 해설		236

◼ 등장인물

요나 교수
61살

이스라엘 물리학자. 고로의 대학 시절 은사이며, 현재는 경영 컨설턴트로 전 세계를 누비고 있다.

야자와 아스카
25살

유니코사 가나가와 공장의 밝고 건강한 여직원. 제조와 관련된 일을 무척 좋아하여, 공장 어디에 무엇이 있는지 자세히 알고 있다.

아라키 고로
41살

대기업인 유니코사의 가나가와 공장에 반년 전 공장장으로 부임. 가족으로 아내인 준코, 아들 도루, 딸 안이 있다.

히루마 노보루
52살

유니코사 유니웨어 사업부 본부장

나카무라 아유무
32살

유니코사 가나가와 공장 데이터 처리 담당 책임자

후루사와 류이치
58살

유니코사 가나가와 공장 총무과장

노쿠보 고타
36살

유니코사 가나가와 공장 생산과장

아라키 준코
35살

고로의 아내

반나이 주이치
65살

유니코사의 주요 클라이언트 번사이드사의 사장

쇼지 조
41살

유니코사 마케팅 부장

1막

공장 폐쇄 명령

"도대체 왜 적자에서 벗어나지 못할까?"

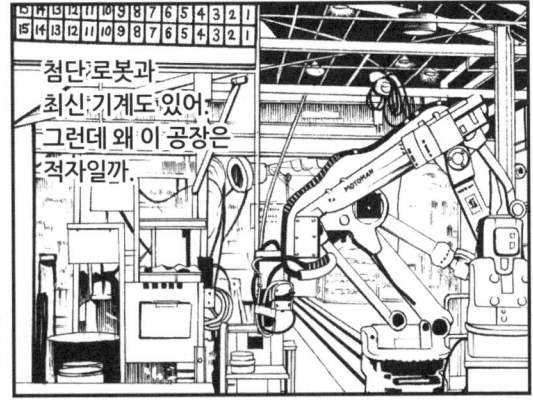

2막

소크라테스와 나눈 짧은 대화
"자네 회사의 목표가 뭔가?"

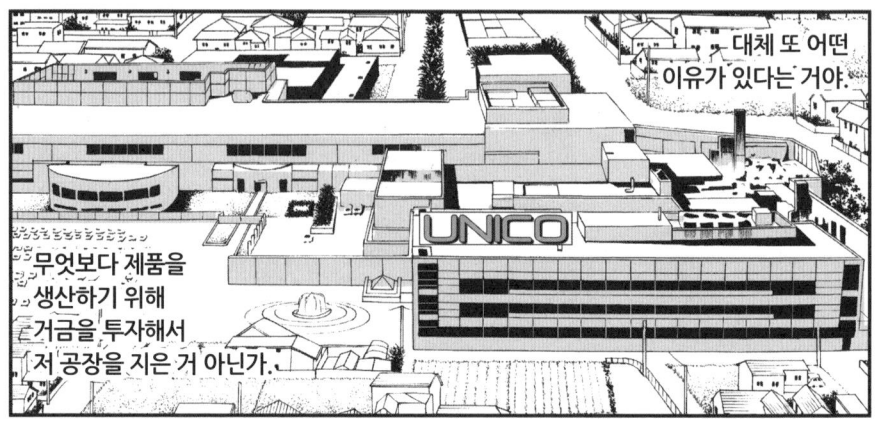

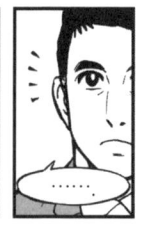

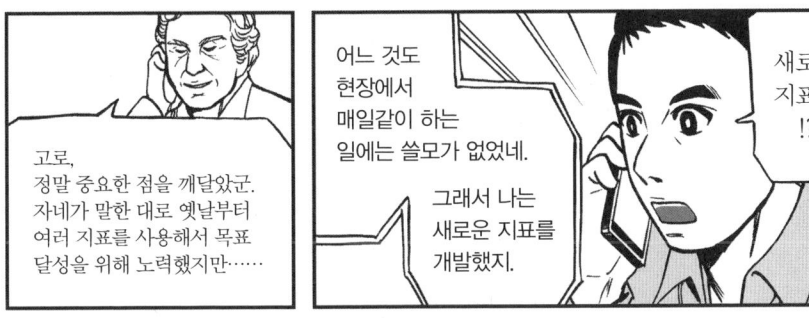

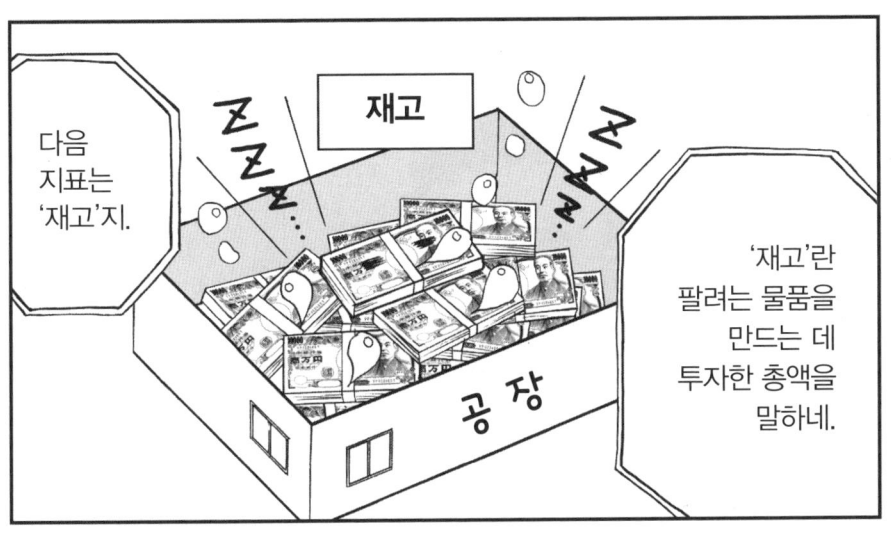

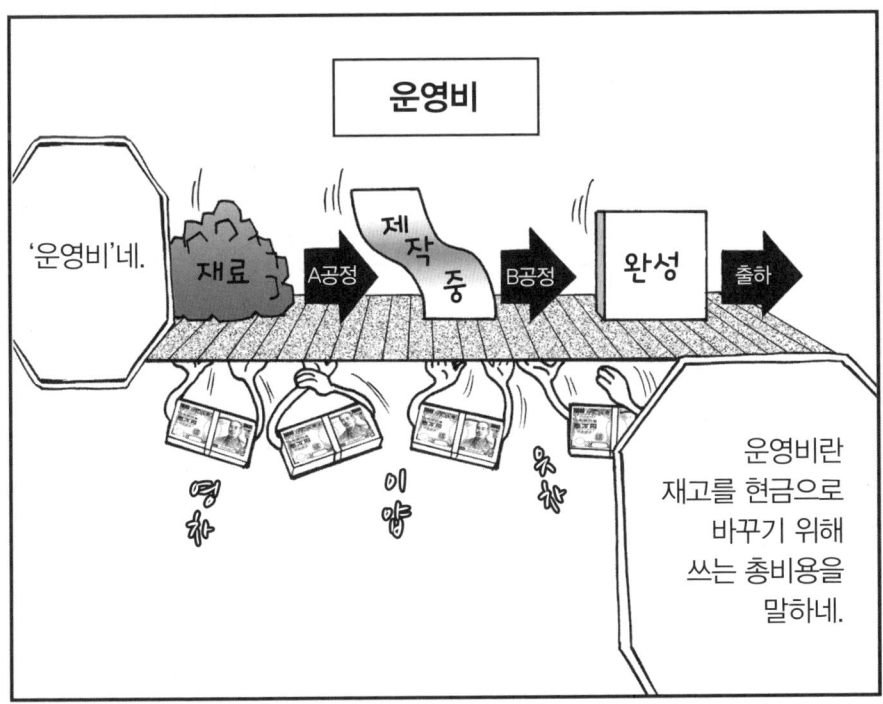

3막

새로운 운영 지표

"직원들이 쉬지 않고 일하는 회사는
과연 효율적일까?"

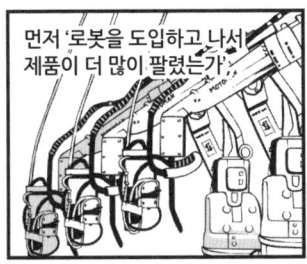

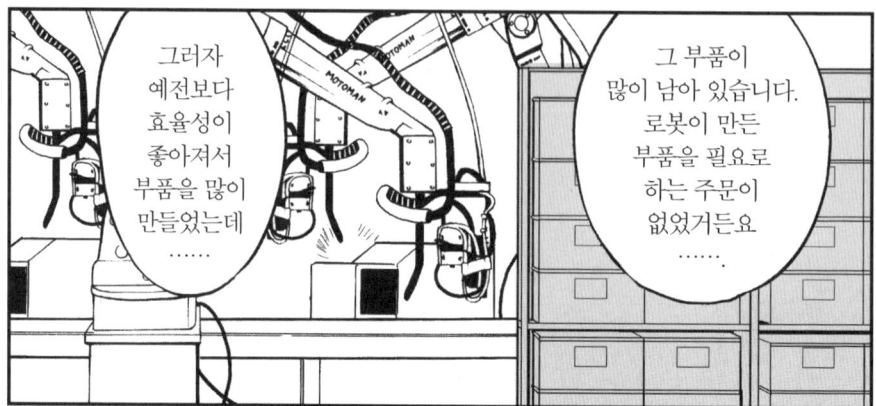

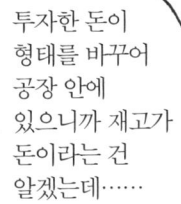

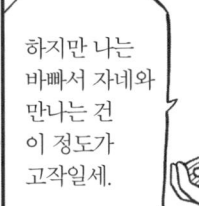

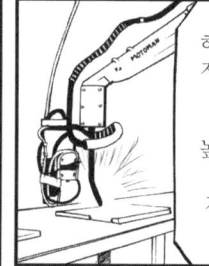

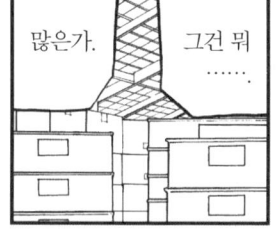

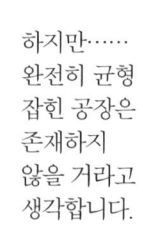  

그건 바로 균형 잡힌 공장에 접근하면 접근할수록

공장은 파산에 가까워지기 때문이야.

네……?

앗……!?

그…… 그만두세요, 이런 때…… 그 무슨 농담을…….

농담이 아닐세. 생산을 축소하는 경우를 생각해보세.

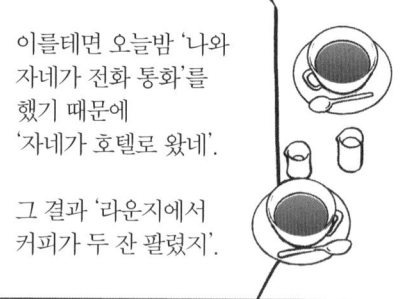

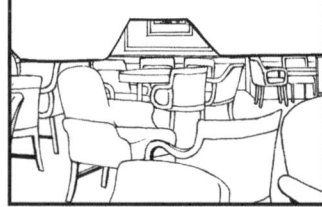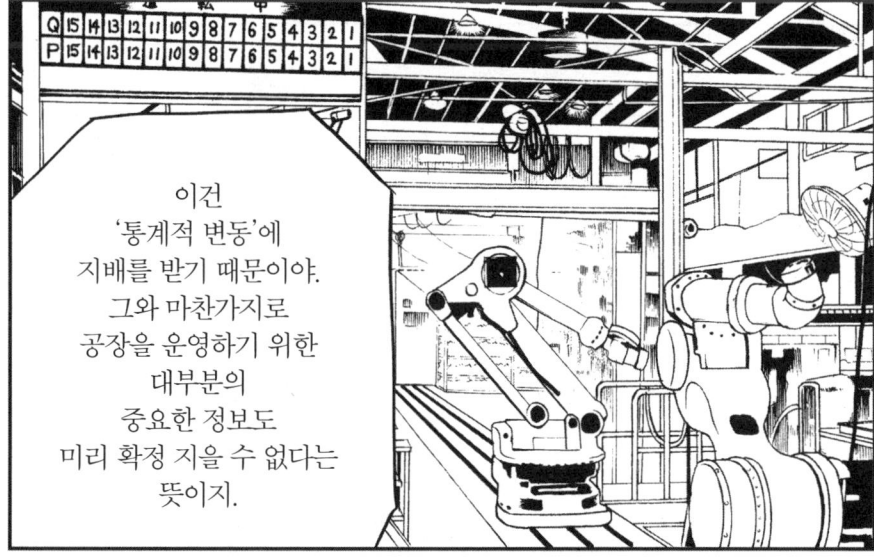

4막

하이킹의 미스터리

"같은 속도로 걷는데 왜 대열은 점점 느려질까?"

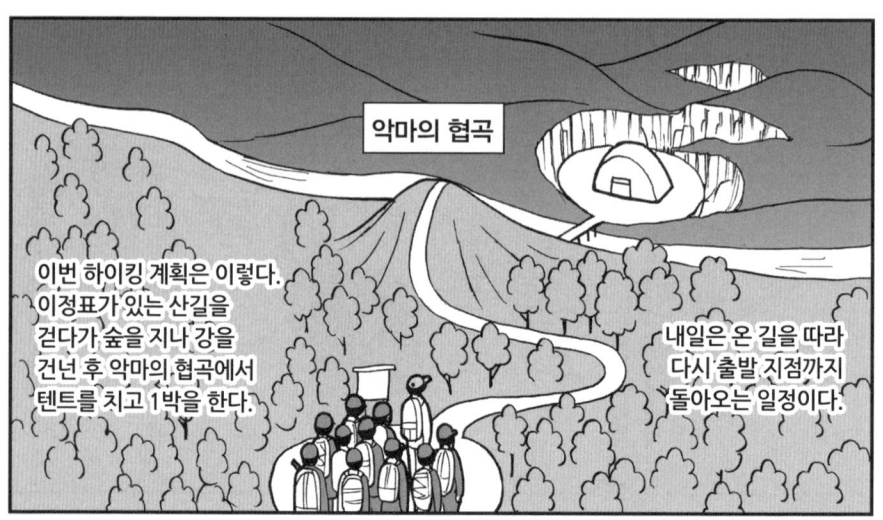

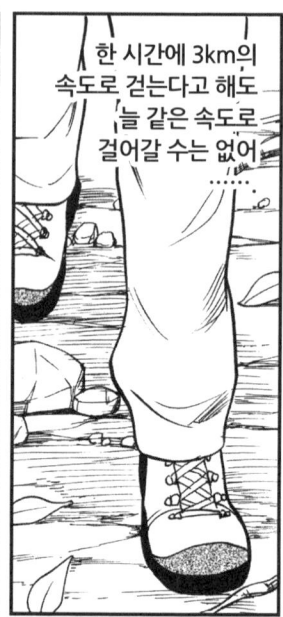

응......? 도루의 신발 끈이 풀렸나.

......

길을 걸어가는 대열의 속도를 결정하는 것은 선두에 선 아키라지만, 지금처럼 도루나 다른 누군가가 속도를 떨어뜨리면 대열 전체가 그 영향을 받는 건가…

설령 누군가 아키라의 속도보다 빨리 걷는다 해도…

앞에 있는 아이 때문에 속도를 줄여야만 하지.

즉 아키라 이외의 아이들은 자신의 앞에서 걷는 아이의 속도에 '종속'되는 거야.

점점 알 것 같다……. 이 하이킹은 종속적 사건이야……. 그것이 통계적 변동과 조합되어 있다.

걷는 속도는 저마다 전부 다르다.

빠르거나 늦거나

하지만 평균 속도보다 빨리 나아갈 수는 없다.

자신의 앞에서 걷는 아이의 속도에 종속되어 있기 때문이다.

시간당 8km의 능력을 가지고 있다

시간당 3km의 능력을 가지고 있다

종속

설령 내가 한 시간에 8km를 걷는다 해도 앞의 아이가 3km밖에 걷지 못한다면 나는 한 시간에 3km밖에 나아갈 수 없다.

그렇다면 빨리 걸어가는 데 제한이 있다는 뜻이다.

이 대열은 공장의 제조 과정과 비슷하다……

이 대열은 '걸어가는 길'이라는 제품을 만들고 있다.

선두인 아키라가 아직 아무도 걷지 않은 길을 걸어간다. 공장으로 바꿔 말하면 원자재를 투입하여 생산을 시작한다.

다음으로 도루가 작업한다.

그 뒤의 아이도 작업한다.

즉 이 대열의 한 사람 한 사람의 발자취가 ……

다이치도 작업한다.

또 그 뒤의 아이들도 계속 작업한다.

공장에서 시행하는 하나하나의 작업과 같은 것이다.

또 대열이 길어졌다.

아키라와 나 사이의 거리가 벌어지면 재고가 늘어나는 셈이다…….

현금 창출률은 내가 걷는 속도다.

아이들의 변동된 속도에 영향을 받는다.

평균보다 속도가 늦어져 그 변동분이 축적되면 그 여파가 나한테 밀려든다.

늦군….

그 결과 나도 속도가 늦어질 수밖에 없어서 현금 창출률이 저하된다.

이 경우 운영비는 어떻게 변할까?

앞 아이를 따라가려고 서두를 때마다 원래는 사용하지 않아도 될 에너지를 사용한다. 즉 운영비는 늘어날 것이다.

5막
'균형 잡힌 공장'이라는 판타지

"왜 수요와 공급이 최적화된 회사일수록
파산에 가까워질까?"

이 하이킹에서 벌어지고 있는 일…….

냠……

서로 조합된 결과 어떤 영향을 미치는지는 잘 알았다.

앞 아이의 속도에 종속되어 있다는 '종속적 사건'과 한 명 한 명의 걷는 속도가 일정치 않다는 '통계적 변동'이……

하지만 공장을 운영하면서도 이 두 가지를 외면할 수는 없다.

그럼 어떻게 하면 좋을까? 현금 창출률이 계속 줄고 과잉 재고가 계속 늘어나면 회사는 무너지고 만다!

만약……

요나 교수님은 그렇게 말했지만 정말 그럴까?

균형 잡힌 공장에 접근할수록 파산에 가까워진다.

'완전하게 균형 잡힌 공장'이라면 어떨까……? 모든 생산능력이 시장의 수요에 100% 맞는 공장 말이다.

실제로 생산능력을 줄이면 비용도 줄어들어 이익이 늘어나는게 아닐까?

생산능력을 수요에 정확히 일치시킬 수 있다면 과잉 재고는 사라지지 않을까?

됐다, 6이다!

저런 걸 가지고 왔네

주사위 놀이를 하나.

이 게임은 '완전히 균형 잡힌 공장의 모델이다.

시장의 수요는 이 공장에서 처리하는 성냥개비의 평균 개수와 똑같다고 가정할 수 있다.

시장의 수요는 한 바퀴 돌 때마다 3.5개.

주사위를 던져 나오는 수의 평균이 3.5니까 한 바퀴당 3.5개, 10바퀴 돌면 35개의 수요가 있는 셈이다. 즉 '완전히 균형 잡힌 공장'이다.

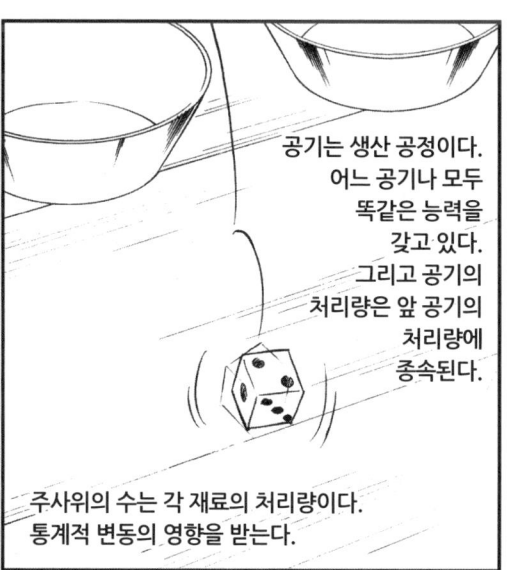

공기는 생산 공정이다. 어느 공기나 모두 똑같은 능력을 갖고 있다. 그리고 공기의 처리량은 앞 공기의 처리량에 종속된다.

주사위의 수는 각 재료의 처리량이다. 통계적 변동의 영향을 받는다.

이 공장의 현금 창출률은 마지막 아이의 공기에서 나오는 성냥개비의 속도다.

재고는 각각의 공기에 남아 있는 성냥개비의 개수.

6막
보틀넥과 비(非)보틀넥
"무엇이 진짜 회사의 능력을 결정하는가?"

	12시	1시	2시	3시	4시
	조립 19개	조립 21개	조립 28개	조립 32개	
		용접 19개	용접 21개	용접 25개	용접 25개

두 가지 공정에 대한 한 시간 동안의 처리량 기록이네.

먼저 조립 말인데, 처음에는 작업이 원활치 못해서 12시부터 1시 사이에 예정했던 25개를 다 완성하지 못했네.

하지만 작업 후반에는 모두가 열심히 해줘서 예상 목표 25개를 넘게 처리할 수 있었지.

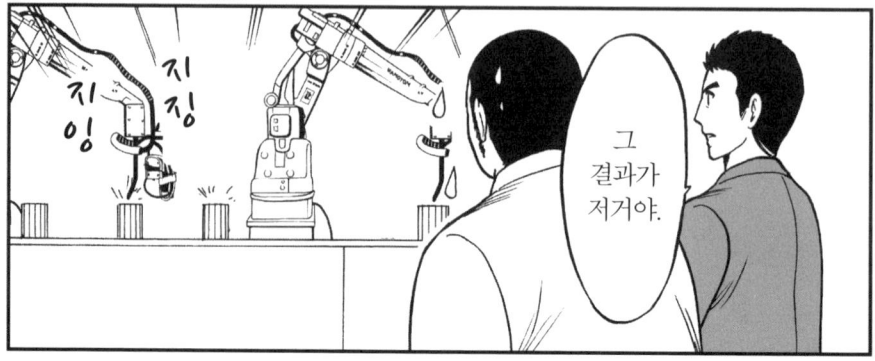

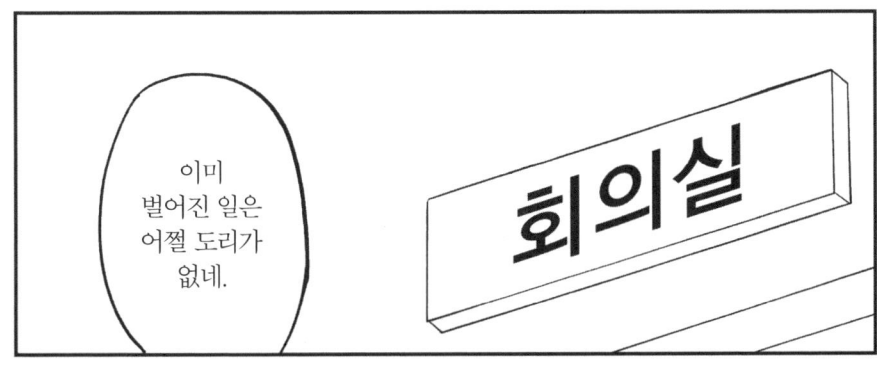

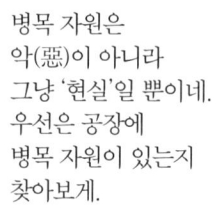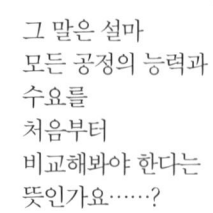

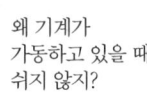

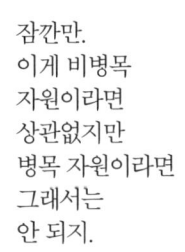

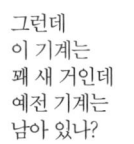

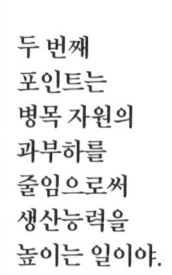

7막

아이들이 건넨 힌트

"왜 원자재를 일찍 투입해도
재고만 쌓이는 걸까?"

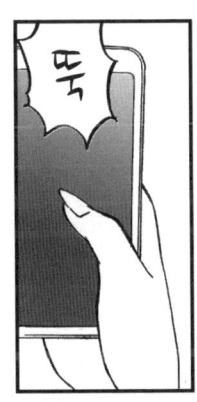

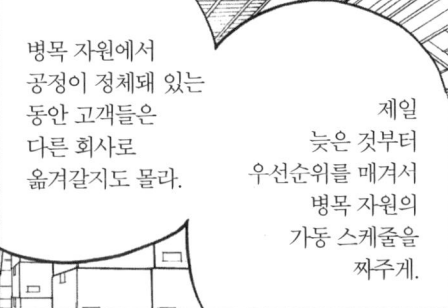

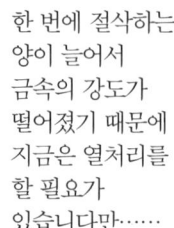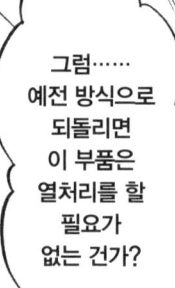

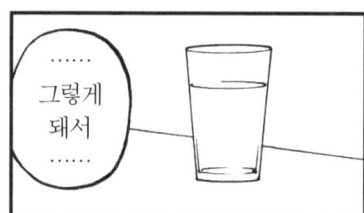

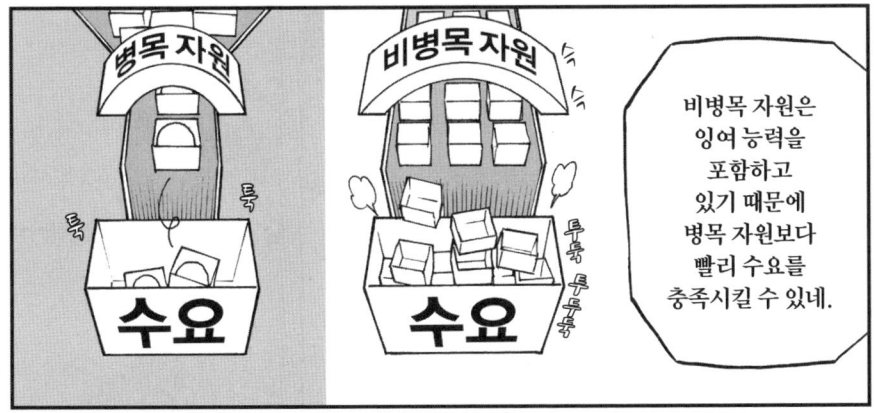

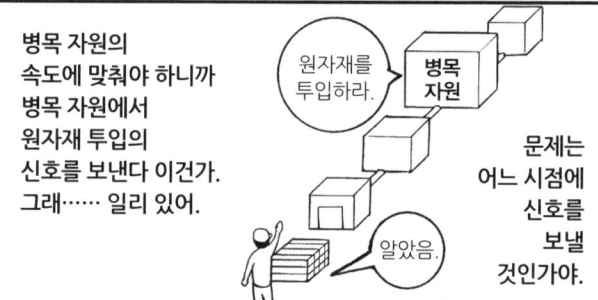

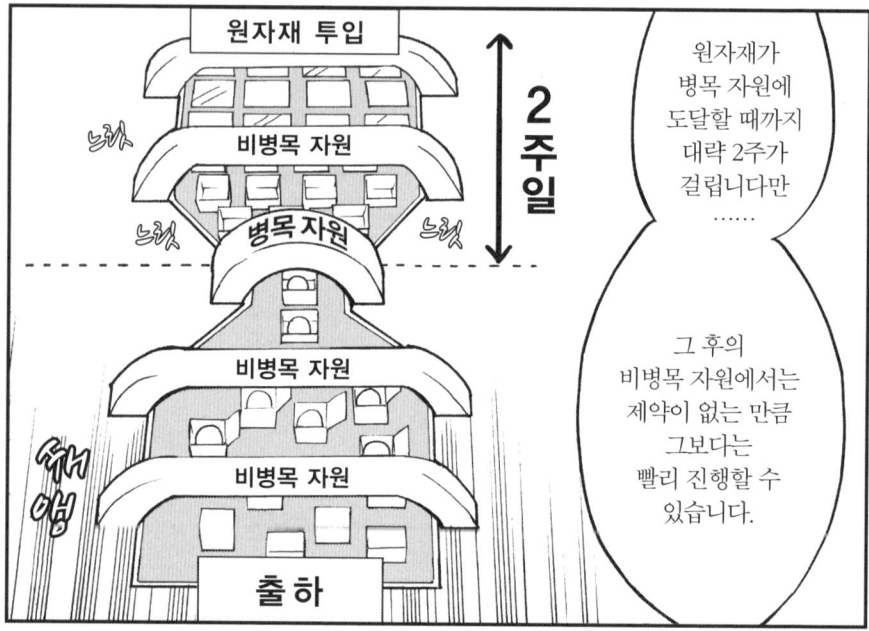

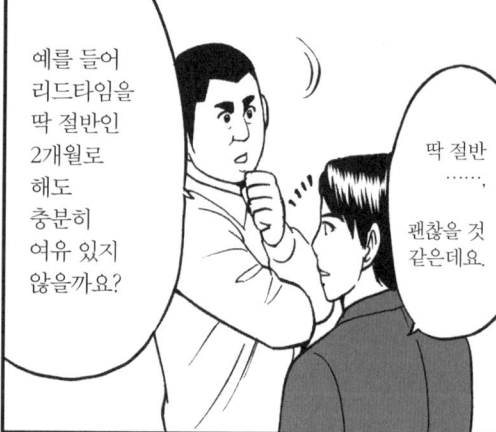

8막

성공의 첫걸음

"지속적인 이익을 내려면
어떻게 해야 하는 걸까?"

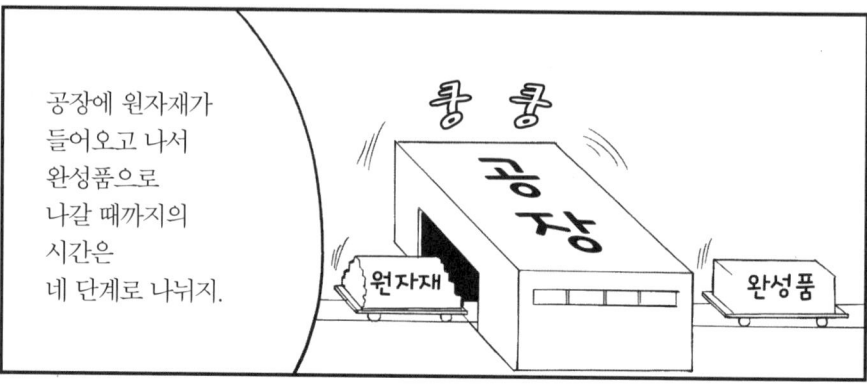

공장에 원자재가 들어오고 나서 완성품으로 나갈 때까지의 시간은 네 단계로 나뉘지.

기계와 장치 등이 작동할 준비를 하는 '작업 준비 시간 (Setup time)'.

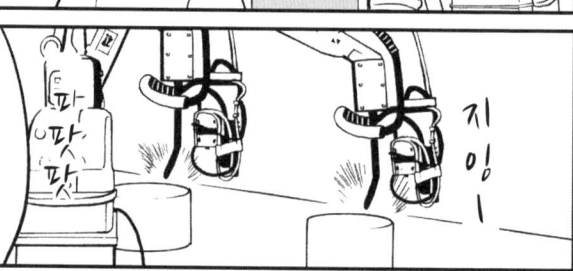

실제 생산에 소비되는 '가공 시간 (Process time)'.

먼저 투입된 원자재를 처리하고 있는 기계 앞에서 줄지어 기다리는 '대기 시간 (Queue time)'.

그리고 완성품으로 조립할 때 다른 부품이 오는 걸 기다리는 '유휴 시간 (Wait time)'.

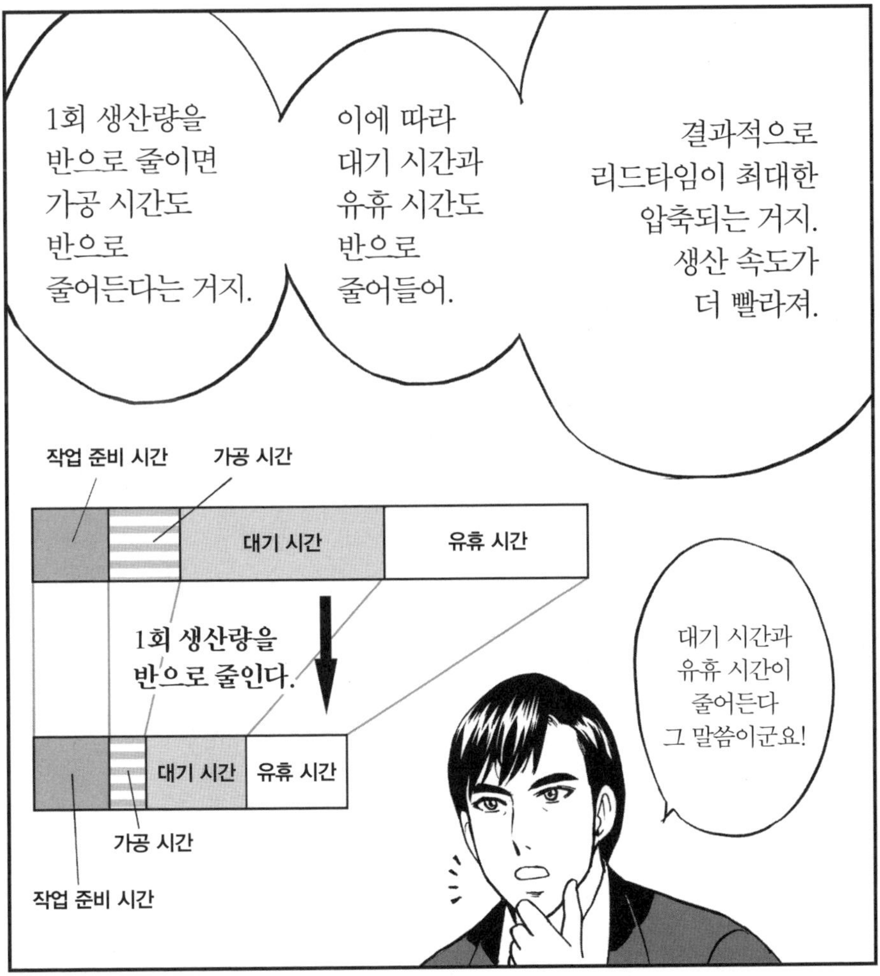

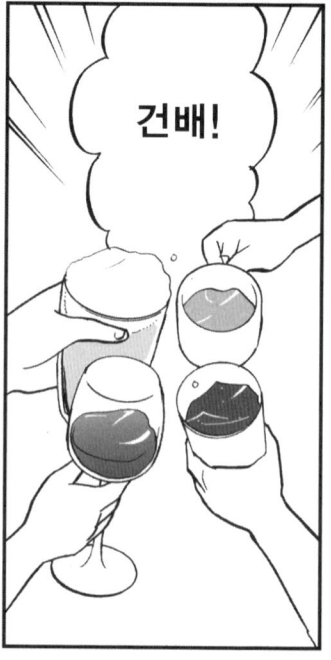

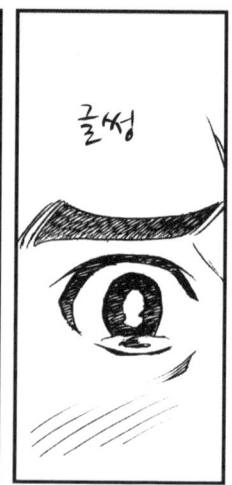

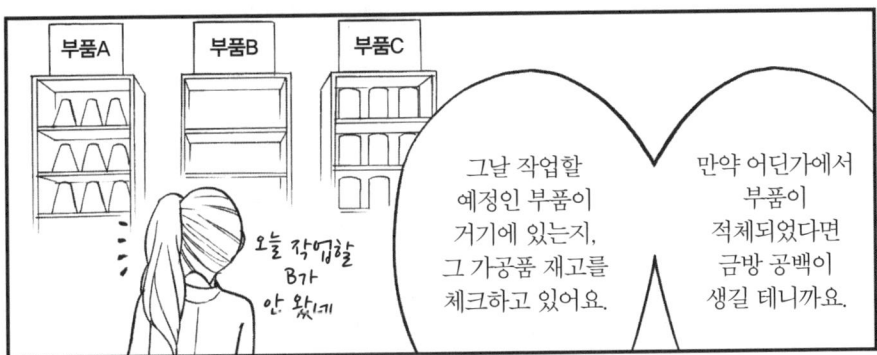

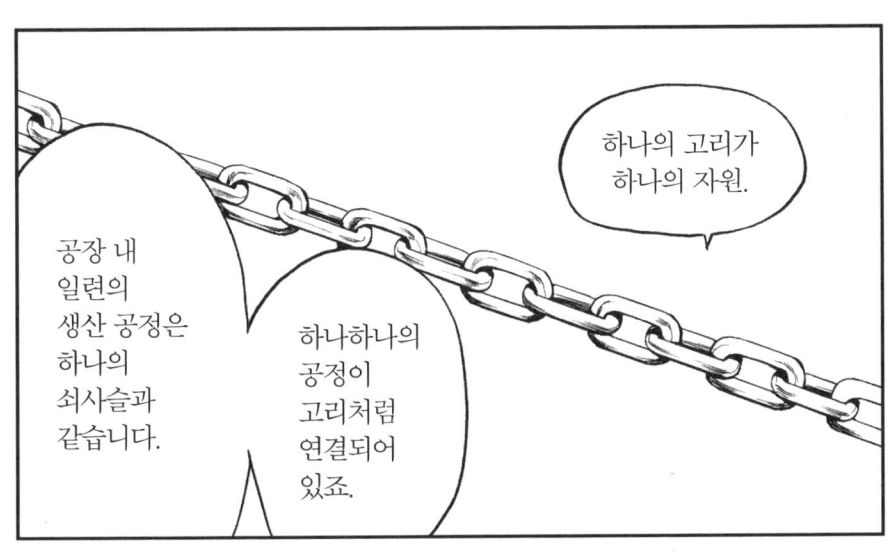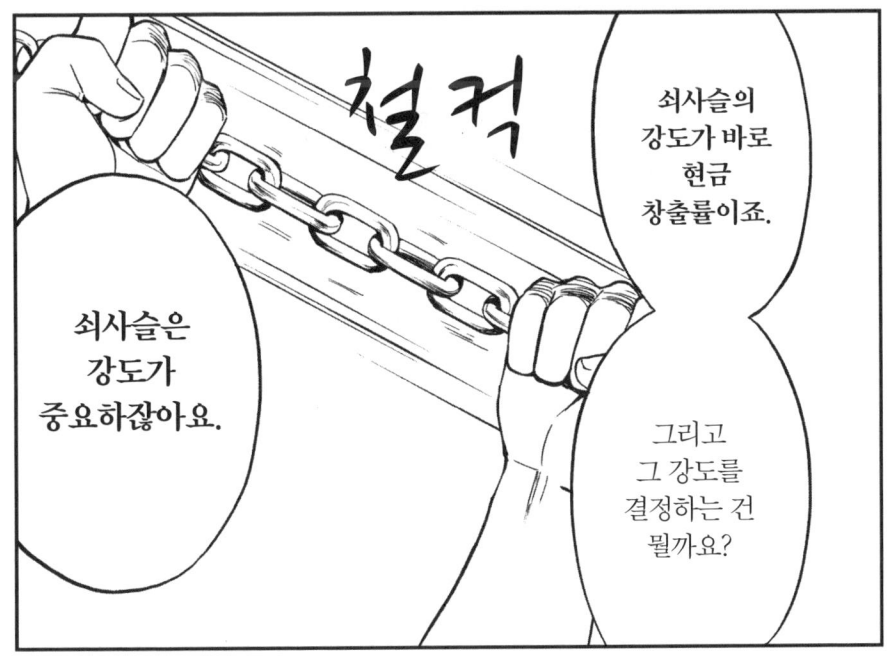

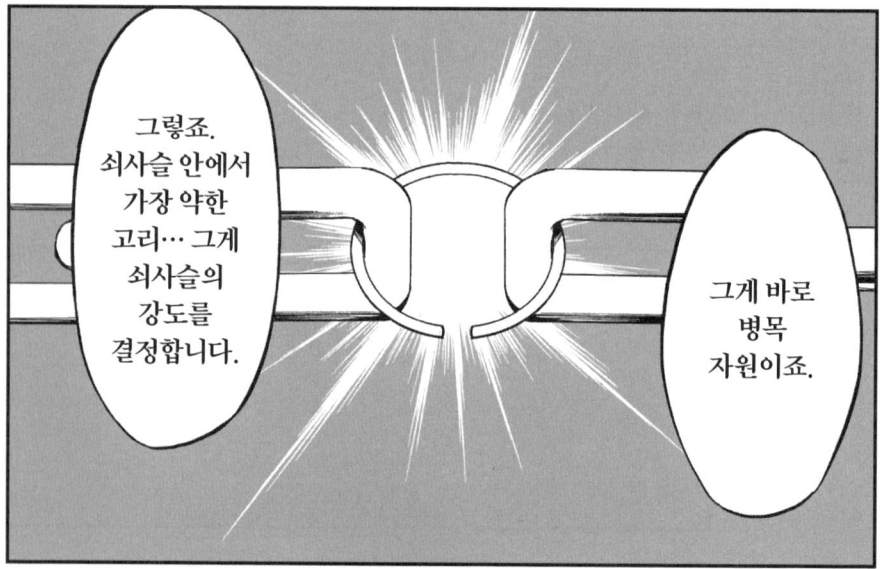

1단계.
제약 요인을 찾아낸다.

2단계.
제약 요인을 철저하게 활용할 방법을 찾아 결정한다.

3단계.
다른 모든 공정을 위의 결정에 따라 진행한다.

4단계.
제약 요인을 향상시킨다.

5단계.
지금까지의 과정대로 해서 제약 요인의 문제점이 해결되면 다시 1단계로 돌아간다.

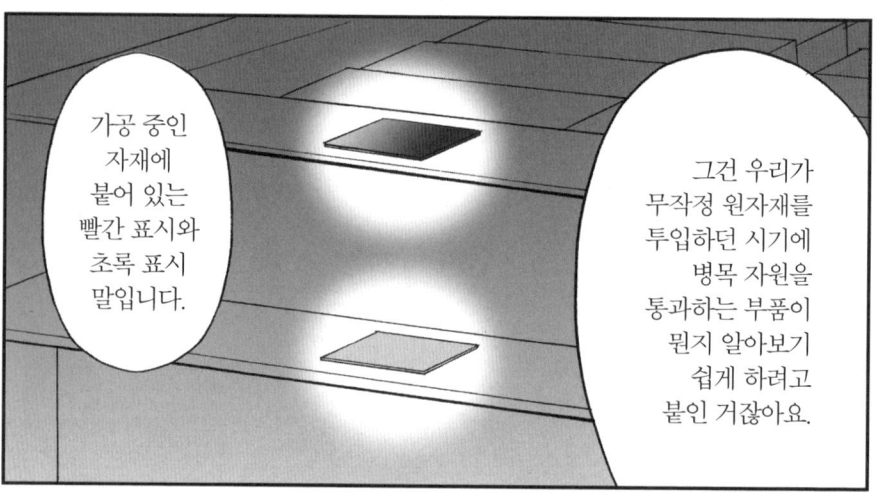

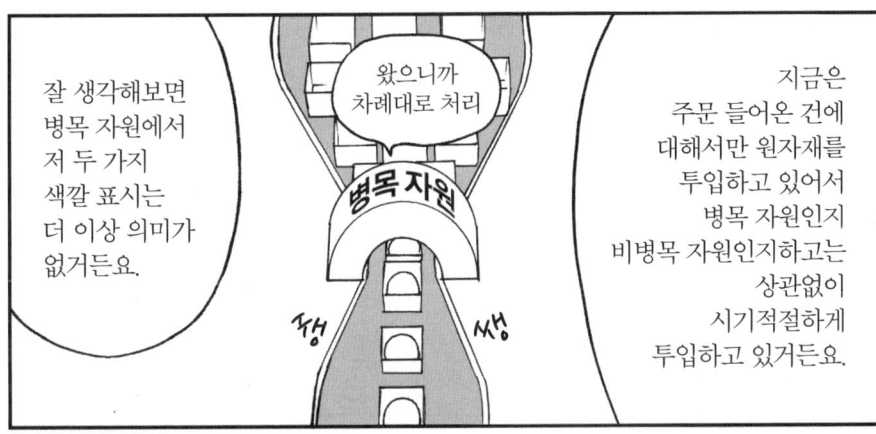
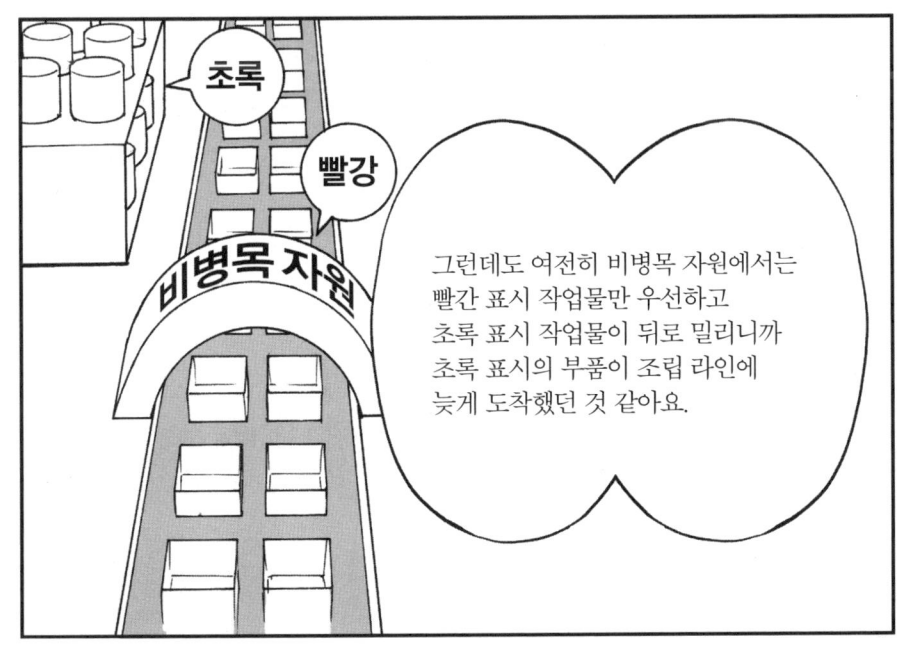

■ 작품 해설

지금 당신의 일은 다른 사람들과 연결돼 있나요?

전체 최적화 경영 이론, TOC

전 세계에서 1000만 명이 넘는 사람들이 읽은 『더 골』. 1984년 원서가 발행되고 나서 30년이 지났는데도 퇴색하지 않은 명저입니다. 이 책에 등장하는 전체 최적화 경영 이론이 바로 TOC(Theory of Constraints : 제약이론)입니다. 이 이론을 이해하시기 위해서는, 우선 여러분에게 다음과 같은 두 가지 질문을 해야 합니다.

1. 당신의 일은 다른 사람들이나 조직과 연결되어 있습니까?
2. 각각의 인력과 조직의 능력은 함께 협력해서 움직이고 있습니까? 아니면 각기 흩어져 있습니까?

어떤가요? 만약 당신의 일이 다른 사람이나 조직과 연결되어 있고, 또한 각각의 인력과 조직의 능력에 불균형이 존재한다면 일의 흐름 어딘가에 상대적으로 약한 부분, 즉 병목 자원이 있다는 뜻입니다. 그리고 전체적으로 봤을 때 병목 자원과 동일한 문제를 일으키는 요인, 즉 제약 요인(Constraint)에 집중해서 개선해나가는 것이 전체 최적화라 할 수 있습니다. 이것이 TOC의 핵심 논리입니다.

'연결'과 '불균형'을 인정하라

'직원이 쉴 틈 없이 늘 작업하고 있는 공장은 상당히 비효율적이다.'

요나 교수의 이런 주장에 위화감을 느낀 독자분도 적지 않을 것입니다. 하지만 '연결'과 '불균형'이 있을 수밖에 없는 현실을 직시하고 다시 생각해보면 다른 점이 보일 겁니다.

예를 들면 서로 '연결'되어 있는 일련의 작업 중에서 각각의 공정에서 '불균형'이 있는 경우, 필연적으로 어딘가에 병목 자원이 숨어 있게 마련입니다. 그리고 그 병목 자원 앞에서 작업이 정체되고 맙니다.

만약 '연결'과 '불균형'을 의식하지 않고 저마다 쉴 틈 없이 작업을 해나간다면 어떻게 될까요. 병목 지점 앞에는 일이 계속해서 쌓이고, 전체적으로는 재고가 늘어 비효율적인 구조가 돼버리고 맙니다. 바꿔 말하면 '연결'과 '불균형'이 있는 조직이라면, 전체적으로 병목 자원이 처리 가능한 작업량을 초과해서 진행해서는 안 된다는 말입니다. 그래서 '여유'가 있어야 합니다.

'균형 잡힌 공장에 가까워질수록 공장은 파산에 가까워진다.'

너무나 논쟁적인 화두라고 생각할 수도 있는 요나 교수의 이 대사에 관심을 가진 독자분도 있을 텐데요. 아무리 시장의 수요에 맞춰 공장의 능력을 딱 맞춰보려고 해도 현실적으로는 좀처럼 쉽지 않습니다. 왜냐하면 시장의 수요에는 항상 '불균형'이 있기 때문입니다. 공장의 능력에도 '불균형'이 있는 것은 마찬가지입니다. 이것은 피할 수 없는 현실입니다. 헛된 낭비를 줄이려고 생산능력을 수요의 100%에 맞추려고 하면 할수록 어떤 변화도 받아들일 수 없는, 융통성이 없는 구조가 돼버리고 맙니다. 이러한 시스템에서는 지극히 사소한 변화에도 각각의 '연결'에 영향을 주어 전체적으로 큰 손해를 입게 됩니다.

이것이 바로 "생산능력을 시장 수요에 100% 맞춰서 축소하면 현금 창출률은 줄고 재고는 늘어난다는 걸 증명할 수 있다는 말일세"라는 요나 교수의 대사가 의미하는 바입니다. 그러니까 '연결'과 '불균형'이 있는 조직에서 모든 것은 변한다는 현실을 생각한다면 '여유' 없이 효율적인 일처리는 불가능하다는 말입니다.

질문은 문제 해결의 시작

갑자기 3개월 안에 이익을 내지 못하면 공장을 폐쇄한다는 통보를 받고, 궁지에 몰린 고로에게 요나 교수는 해답을 가르쳐주는 대신 계속 질문을 던집니다. 이 이야기는 고로와 직원들이 스스로 생각하고 해답을 찾아내면서 성장해가는 과정을 담고 있습니다. 엘리 골드렛은 이 과정이야말로 진정한 배움의 길이자 문제를 해결하는 최고의 방법이라고 진심으로 믿고 있습니다. 그것은 물리학자인 엘리 골드렛의 다음과 같은 신념에 기초한 것입니다.

> 배운다는 것의 최대 장애물은 답을 가르쳐주는 것이 아닐까? 그것은 스스로 답을 찾아낼 기회를 영원히 박탈해버리기 때문이다. 스스로 생각해서 답을 찾아내야 진정한 배움을 얻을 수 있다고, 나는 믿는다. '생각하는 인간'을 만들려면 명령형인 '!' 부호보다 의문형인 '?' 부호가 훨씬 더 좋다.
>
> _엘리 골드렛

고로와 직원들은 요나 교수로부터 이론을 배우면서 현장에서 벌어지는 자신들의 문제는 스스로 생각하고, 해답을 찾아냈습니다. 이 과정은 이론을 배운 이후 응용해서 문제를 풀어나가는 자연과학의 학습법과 동일합니다. 이 책을 과학과 교육이라는 측면에서 이해해주신다면 엘리 골드렛이 독자 여러분께 전하고 싶어 한 본질을 좀 더 잘 알 수 있지 않을까요.

일본 골드렛 컨설팅 CEO 기시라 유지(岸良裕司)

■ 옮긴이의 말

과연 이 일은 목표 달성에 도움이 되는가?
『만화판 더 골』을 이해하기 위한 몇 가지 단상

나에게 월급을 주는 곳 vs. 내가 돈을 벌어줘야 하는 곳

회사 생활, 좀 더 폭넓게 말해 조직 생활을 2~3년 정도 하면 이제 대충 다 알겠고, 더 이상 할 일이 없다는 생각이 들 때가 있다. 마치 말년 병장이 된 것처럼 하루가 길게 느껴지고 '내일은 또 어떻게 보낼까' 하는 생각에 한숨부터 나오는 때 말이다.

미국 코넬대의 연구에 의하면 사랑의 유효기간은 약 2년이라고 하는데, 그렇게 생각하면 인간은 2~3년 주기로 감정이나 이성의 탈을 바꿔 쓰는 게 아닌가 싶기도 하다. 아무튼 이렇게 슬럼프에 빠졌을 때 꼭 화두처럼 떠오르는 의문이 하나 있다. 대체 회사가 무엇이기에, 조직이 무엇이기에 이토록 연연해한단 말인가?

'회사? 음……꼬박꼬박 나에게 월급을 주는 곳?'

그러나 이렇게 내 맘대로 회사를 정의 내려도 되나 하는 반성도 동시에 하게 되는데, 이럴 때 생각나는 것이 바로 선배와 상사의 조언, 즉 '오너의 마인드'를 가져보라는 메시지이다.

그런 마음가짐으로 회사를 정의해보면 답은 180도 바뀐다.

'회사? 음…… 오히려 내가 꼬박꼬박 돈을 벌어다 줘야만 하는 곳' 인 것이다.

이 책의 핵심 메시지는 이 명제가 아닐까 싶다. 또다시 뒤집어 말하자면 회사는 돈을 벌지 못하면 존재할 이유, 가치가 없는 곳으로 전락한다. 회사의 목표는 돈을 벌어 수익을 남기고 그것으로 회사와 회사 구성원을 유지하는 것이다. 또 다른 재화에 투자를 하고, 쉴 틈 없이 제품을 생산하는 것도 이 목표를 이루기 위해 발생하는 과정인 것이다. 그런데 과연 회사에서 벌어지는 많은 종류의 생산품, 그리고 많은 종류의 정책과 절차, 운영 지표와 평가 기준들은 실제로 돈을 버는 데 기여를 하고 있는가? 이 책의 핵심 이론인 제약이론(TOC : Theory Of Constraints)의 탄생 배경에는 이러한 문제의식이 깔려 있다.

제약이라는 이름의 통계적 변동

기본적으로 모든 회사는 유무형의 제품을 생산하는 제조업이다. 아무리 화이트칼라라 해도 기본 틀은 공장 노동자와 다를 바가 없다. 문제는 회사 구성원의 삶의 질이 어떠한가이다. 한번 생각해보라. 고된 하루 일과를 마치고 소줏집에 모여 앉아 회사와 상사에 대한 뒷담화로 스트레스를 날려버릴 수도 없는 회사 생활이란 얼마나 답답하고 삭막한가! 업무 시간 틈틈이 동료와 나누는 수다나 커피 한잔의 여유도 없다면 로봇이나 다름없지 않을까. 이 책의 원작자인 엘리 골드렛은 그 사실을 누구보다 잘 알고 있다. 그렇기 때문에 너무도 뻔한 이 기본 사실을 종종 망각하는 경영자들에게 '제약(constraint)'이라는 용어까지 써가며 대오각성을 촉구하고 있는 것이다.

만화로 된 이 책을 번역하면서 줄곧 머리에 남아 있던 기본 설정들, 자칫 간과해버릴 수도 있는 몇 가지 상황을 다시 되새김질해보는 것은 엘리 골드렛의 인간주의와 아주 밀접한 관련이 있다.

먼저 이 만화 주인공인 고로의 멘토이자 길잡이 역할을 해주는 요나 교수. 그는 경제학자도 경영인도 아니다. 물리학자다. '뜬금없이 물리학자가 웬 경영 컨설팅을?'이라고 생각할 수도 있다. 대체 물리학이 공장 경영과 무슨 상관이 있단 말인가. 과연 엘리 골드렛은 무심코, 우연히 요나 교수의 과거 전공 분야를 물리학으로 설정한 것일까. 물리학의 '물' 자도 제대로 이해하지 못하는 이과 '치'이지만 아인슈타인의 상대성 이론은 많이 들어봤다. 아인슈타인이 위대한 물리학자인 것도 알고 있다. 세상의 이치가 상대적이라는 것, 즉 이 세상에 변하지 않는 것은 없다는 뜻일 게다. 어쩌면 동양철학과도 일맥상통하는 듯하다.

이 책의 내용 중 중요한 개념으로 '통계적 변동'이라는 말이 있다. 평균치로 대개의 결과를 예측할 수 있다고 믿는 통계 원론주의자들에게는 아주 불편한 말일 터인데, 즉 모든 통계에는 변동 요인이 숨어 있다는 뜻이다. 열 살 어린이라고 해서 모두 키가 140센티미터 안팎에 몸무게가 30킬로그램 내외인 것은 아니다. 어떤 아이는 편식이 심해 비만일 수도 있고, 입이 짧아 비쩍 마른 아이도 있을 수 있다. 그들의 보폭은 짊어지고 있는 가방의 무게에 따라 몇 십 센티미터의 차이로 나타날 수도 있고, 그리하여 그들의 산길 행군은 지지부진할 수도 있다. 모두가 똑같을 수도 없고, 고정되어 있지 않은 것이다. 그러니 통계적 변동은 필연적으로 발생하며, 이것이 다른 공정에도 영향을 미친다(종속적 사건). 요나 교수가 물리학자가 아니었더라면 이렇게 유연한 사고를 할 수 있었을까?

원작을 뛰어넘는 지식과 재미

주인공이자 공장장인 고로는 끊임없이 의문을 품고 질문을 던진다. 공장장씩이나 되는 인간이 그렇게 질문만 해대고 있어도 되나 싶기도 하지만 회의하지 않는 인간은 발전할 수 없다는 철학적 사유 또한 물리학과 맞닿아 있다. 그리고 고로의 질문에 직접적인 답을 제시하지 않고 스스로 답을 알아내도록 유도하는 방식 역시 자연과학적 사고의 결과물이라는 생각이 든다. 요나 교수를 전직 물리학 교수로 설정한 데는 저자 자신이 물리학자인 것도 영향을 미쳤겠지만 이와 같은 치밀한 계산이 저변에 깔려 있는 듯 보인다.

두 번째 마음에 걸리는 이 책의 설정, 그것은 공장장 고로의 가정이다. 특히 그의 아내 준코다. 고전적 의미의 노동자들은 자신의 작업 현장을 '즐거운 나의 집(sweet home)'에 공개하는 것을 꺼린다. 자신의 사적 영역이기 때문이기도 하지만 치열하고도 원색적인 현장의 공기가 가정을 깨트릴지도 모른다는 두려움 때문이다. 그래서 되도록 집에 돌아가서는 직장 내의 갈등이나 고민에 대해서는 말을 아끼게 된다. 늘 '즐거운 나의 집'이라는 이미지로 남아주기를 바라는 것이다. 고로도 그랬을 것이다.

이쯤에서 고로의 아내 준코의 입장에서 생각해보자. 일을 핑계로 아이들과 놀아주지 않는 남편, 가족끼리 단란한 외식 한번 변변히 못하는 남편은 준코에게 의미가 없다. 그저 월급만 꼬박꼬박 갖다 주면 최고의 남편이라는 생각은 3년차 직장인의 같잖은 슬럼프와 별반 다를 바가 없다. 자신에게 남편이 어떤 존재인지 되물어야 할 때가 온 것이다. 결국 준코에게 가정은 회사와 마찬가지이며 그녀 역시 회사의 구성원이다. 그녀 또한 회사를 존재하게 만드는 주요 요인이기 때문이다. 처음에는 당연히 이 같은 사고의 대전환점을 찾기 힘들다. 그녀에게는 선배도, 상사도 없다. 더욱이 요나 교수 같은 길잡이도 없다. 가출을 택할 수밖에 없었던 것은 이와 같은 준코의 자기 딜레마 때문이다. 이렇듯 준코를 내세워 갈등을 만들어낸 것 또한 엘리 골드렛의 치밀한 술수로 보인다. 만약 고로에게 가정이 없었다면, 아이들이나 아내 준코가 없었다면 그는 공장을 살리겠다는 치열한 의지도 보이지 않았을 것이며, 요나 교수가 건넨 말에서 영감을 받지도 못했을 것이다. 아주 사소해 보였던 고로의 가정사도 제약이론을 설명하기 위한 유기적 장치 중 하나였던 것이다.

이 밖에도 스토리 전개상 제 역할이 선명한 캐릭터들은 엘리 골드렛의 이론을 뒷받침해줄 훌륭한 도구들이다. 너무도 충실히 제 역할을 다하기 때문에 이 책의 이야기 속에 등장하는 캐릭터들은 하나라도 빼려야 뺄 수가 없다. 그들 모두가 각자 머리카락, 손톱, 발톱, 실핏줄 역할까지 충실하게 담당하고 있기 때문이다. 또한 이론의 훌륭함을 떠나 소설이라는 외피를 걸친 것도 세계적 베스트셀러의 명성을 얻는 데 한몫했을 것이다.

이제 엘리 골드렛의 『더 골』은 만화라는 이차적 표현물로 독자와 만나는 관계망을 더욱 확장했다. 시각 예술인 만화의 표현 기법은 그가 예상치 못했던 숨어 있던 의도들까지 마구 세상에 퍼뜨릴 것이다. 주인공 고로의 얼굴 표정 하나하나, 땀방울 하나하나가 이론의 깊이를 더욱 깊게 해줄 것이다. 비록 원작보다 훨씬 쉽게 읽힐지라도 컷과 컷 사이에 숨어 있는 '행간의 의미'를 해석하려고 노력한다면 『만화판 더 골』은 원작을 뛰어넘는 지식의 깊이와 재미를 보장해줄 것이다.

2015년 8월
김해용

▣ 주요 용어 해설

현금 창출률(Throughput) : 판매를 통해서 돈을 창출해내는 비율.

재고(Inventory) : 판매하려는 물품을 만드는 데 투자한 총액.

운영비(Operation expense) : 재고를 현금으로 전환하기 위해 쓰는 총비용.

종속적 사건(Dependent events) : 어떤 사건이 일어나기 전에 선행되어 있는 사건을 일컬음. 후속 사건은 선행 사건의 영향으로 제한을 받게 된다.

통계적 변동(Statistical fluctuations) : 유동적인 흐름을 갖고 있는 예측 불가능한 정보.

병목 자원(Bottleneck resource) : 생산능력이 수요와 같거나 적은 자원.

비병목 자원(Non-bottleneck resource) : 생산능력이 수요보다 큰 자원.

작업 준비 시간(Setup time) : 기계가 다음 부품 가공을 위해 준비하는 동안 그 부품이 기계를 기다리는 시간.

가공 시간(Process time) : 원자재가 완제품으로 생산되기까지 실제로 소비되는 시간.

대기 시간(Queue time) : 원자재를 가공해야 할 기계가 먼저 투입된 원자재를 처리하면서 대기가 발생하는 시간.

유휴시간(Wait time) : 대기 시간과는 달리 원자재가 조립될 다른 부품을 기다리는 데 소비하는 시간.

EBQ(Economical Batch Quantity) : 1회 최적 생산량

리드타임(Lead time) : 제품이 완성되기까지 생산에 소요되는 총 시간.

버퍼(Buffer) : 공장 현금 창출률을 결정하는 병목 자원 바로 앞과 비병목 자원이 조립라인으로 연결되는 조립라인 바로 앞, 그리고 제품 출하장과 바로 앞에 몇 시간 또는 며칠 정도 여유 분량을 미리 비축해두는 일종의 완충재고를 말하며, 재고와는 다른 개념이다.

파레토의 법칙(Pareto's law) : 상위 20% 고객이 매출의 80%를 창출한다거나, 20%의 요소가 80%의 결과를 좌우한다는 법칙. 이와 상대적인 것으로 롱테일 법칙(Long Tail theory)이 있다.

제약 요인(Constraint) : 생산능력이 수요와 같거나 적은 자원을 병목 자원이라 하는데, 이는 주로 물질적인 자원을 뜻한다. 제약 요인은 물질적인 병목 자원뿐 아니라 시장 수요 같은 외부 요인 혹은 성과 측정, 정책, 절차 등 조직의 행동 패턴이나 관행, 관습 등 비물질적인 자원 중 병목 현상을 일으키는 자원을 통칭하는 용어이다.

5단계 집중 시스템

1단계	제약 요인을 찾아낸다.
2단계	제약 요인을 철저하게 활용할 방법을 찾아 결정한다.
3단계	다른 모든 공정을 위의 결정에 따라 진행한다.
4단계	제약 요인을 향상시킨다.
5단계	지금까지의 과정대로 해서 제약 요인의 문제점이 해결되면 다시 1단계로 돌아간다.
※경고! 그러나 관성이 제약 요인이 되지 않도록 주의한다.	

엘리 골드렛
Eliyahu M. Goldratt

〈포춘〉으로부터 '비즈니스 업계의 대가', 〈비즈니스 위크〉로부터 '천재'라는 칭호를 받은 엘리 골드렛. 그는 이스라엘의 물리학자에서 전 세계 주요 기업 및 정부 기관의 컨설턴트 겸 고문으로 변신한 역사상 유례가 드문 사상가이자 교육자, 철학자, 과학자, 작가이자 경영학의 대가이다.

그가 창시한 TOC(제약이론, Theory Of Constraints), OPT(최적 생산 기술, Optimized Production Technology), DBR(드럼-버퍼-로프, Drum-Buffer-Rope), 사고 프로세스(the Thinking Processes), CCPM(애로 사슬 프로젝트 관리, Critical Chain Project Management), 그 밖의 TOC 파생 도구 등등은 세계의 수많은 기업과 경제에 지대한 영향을 미쳤는데 현재는 경영학뿐 아니라 보건, 교육, 카운슬링, 정부, 농업, 자기 계발 등등 각종 분야에서 널리 쓰이고 있다.

엘리 골드렛은 텔아비브 대학에서 이학(理學) 학사 학위를, 바 일란 대학에서 이학 석사 학위 및 철학 박사 학위를 받았으며 경영학과 교육학에 관한 업적 외에도 의료기기에서 점적관개(點滴灌漑, drip irrigation), 온도 센서 등등 수많은 분야에 특허를 보유하고 있는 발명가이자 과학자이다.

저서로는 『더 골(The Goal)』, 『It's Not Luck(더 골2)』, 『한계를 넘어서(Critical Chain)』 등 10여 권이 있는데, 1984년에 출간한 대표작 『더 골』은 35개국에서 1000만 부 이상 판매되었고, 전 세계 주요 경영대학에서는 지금도 필독 도서로 삼고 있다.

2011년 사망할 때까지 여러 분야의 TOC 개발을 위해 노력했던 엘리 골드렛은 다른 무엇보다도 타인의 생각을 유도해준 사상가로 앞으로도 오랫동안 기억될 것이다.

김해용

국어국문학을 '목표'로 하지는 않았지만 경희대 국어국문학과를 졸업하고, 출판편집자를 '목표'로 하지는 않았지만 오랜 출판편집자 생활을 거쳐, 번역자를 '목표'로 하지는 않았지만 죽어라 번역을 하고 있다. 어쩌면 '목표'란 '목표하지 않은 곳'에 있을지 모른다는 생각을 『만화판 더 골』을 번역하며 하게 되었다. '목표'와는 하등 관계없는, 하지만 '삶의 목표'와는 관계있을지도 모를 『퍼펙트 블루』, 『방해자』, 『나오미와 가나코』, 『시간을 수리합니다』, 『나는 왜 혼자가 편할까?』 등 다수의 책을 번역했다.

당신의 목표는 무엇인가?

초판 1쇄 발행 | 2015년 10월 8일
초판 10쇄 발행 | 2024년 9월 15일

원　　작 | 엘리 골드렛, 제프 콕스
감　　수 | 기시라 유지
각　　색 | 아오키 다케오
만　　화 | 아오타 야마
옮긴이 | 김해용
발행인 | 김태웅
기획편집 | 정상미, 엄초롱
외부기획 | 민혜진
디자인 | design PIN
마케팅 총괄 | 김철영
마케팅 | 서재욱, 오승수
온라인 마케팅 | 김도연
인터넷 관리 | 김상규
제　　작 | 현대순
총　　무 | 윤선미, 안서현, 지이슬
관　　리 | 김훈희, 이국희, 김승훈, 최국호

발행처 | (주)동양북스
등　　록 | 제2014-000055호
주　　소 | 서울시 마포구 동교로22길 14 (04030)
구입 문의 | 전화 (02)337-1737 팩스 (02)334-6624
내용 문의 | 전화 (02)337-1739 이메일 dymg98@naver.com
네이버포스트 | post.naver.com/dymg98
인스타그램 | @shelter_dybook

ISBN 979-11-5703-155-9 07320

＊이 책은 저작권법에 의해 보호받는 저작물이므로 무단 전재와 무단 복제를 금합니다.
＊잘못된 책은 구입처에서 교환해드립니다.
＊(주)동양북스에서는 소중한 원고, 새로운 기획을 기다리고 있습니다.
　http://www.dongyangbooks.com